Wein trinken

Ein Fröhliches Wörterbuch
für Weinliebhaber und -kenner, für Gastgeber
und Gäste, Winzer und Weinhändler und alle
lustigen Runden und stillen Genießer

Von Paul Starck
mit Zeichnungen von Bernhard Förth

TOMUS

ISBN 3-8231-0087-4

5. überarbeitete Auflage

Kellerpflege

Abgang

Nachgeschmack, den ein Schluck Wein am hinteren Gaumen hinterlässt. Der Autor warnt: Mit diesem humorigen Kompendium des Weines vor der Nase laufen Sie, lieber Weinfreund, Gefahr, nachfolgend auf eine andere Art auf den Geschmack zu kommen und zu einem wahren Weinliebhaber und stolzen Besitzer einer teuren, aber wertvollen Vinothek (siehe dort) zu werden. Dazu kann ich Ihnen dann aber nur gratulieren.

abstoppen

Die Gärung unterbrechen. Dies gelingt mit Schwefel (ungern) oder durch Gären in Druckbehältern (macht kein Kopfweh). Dadurch wird nicht aller Zucker in Alkoholgehalt umgewandelt, und der spätere Wein zieht einem nicht sämtliche Backen zusammen.

Alkohol

Eine, wenn nicht die Hauptsache am Wein. Hat er zu wenig, schmeckt er nicht und hält sich nicht; hat er zu viel, schlägt er die Blume zusammen - und seinen Trinker.

Amigne

Die Weinsorte der alten Römer, die zu Lebzeiten des Bacchus verkostet wurde. Gibt es in der Schweiz sogar heute noch.

Ampelologe

Wein- und Verkehrswissenschaftler, der die Verkehrswege in den Weinbergen mit ausgeklügelten EDV-Programmen (geschrieben vom Ampelographen) so durch Lichtsignalanlagen steuert, dass sich die ohnehin durch den intensiven Kontakt mit dem Wein gehandikapten Traktorfahrer nicht ins Gehege kommen.

angenehm

Bezeichnung für einen gefälligen Wein, der nicht groß und schwer, sondern klein und leicht

Alkohol

aromatisch

ist. Nach offizieller Lesart handelt es sich also um einen so genannten Durstlöscher. Dass das Löschen mit Wein allerdings einen Brand verursachen kann, steht auf einem ganz anderen Blatt.

aromatisch

Fachchinesisch für Weine mit stark ausgeprägtem Geschmack und Geruch. Es ist ein Gerücht, dass ein Blumen streuender Winzer nach dem Gärprozess für mehr Aroma im Fass sorgt.

Art

Typische Geschmackseindrücke des Weinanbaugebietes und der Rebsorte kommen beim fertigen Wein harmonisch verbunden durch und sind schmeck- und erkennbar.
Zum Beispiel die feinstofflichen Aromateile der Luft in den Weinanbaugebieten um Bitterfeld (Hexametholgefürz-enten-traminer-4-barbital-8-pimperazithin) und Wanne-Eickel (12-Chlor-sylvanphenoler-di-butazol-esther-und-abi).

artig

Ein braver, nicht aufmüpfiger kleiner oder mittlerer Wein, mit gut aufeinander abgestimmten Bestandteilen (zum Beispiel Quellwasser, Wein und Traubensaft). Mit artigen Weinen verhält es sich wie mit artigen Menschen: Sie sind gefällig und ansprechend - und deshalb eher langweilig. Vergleichen Sie einen artigen Wein dagegen mit einem abartigen Wein: Dieser ist böse und aufmüpfig, mit schlecht aufeinander abgestimmten Bestandteilen (zum Beispiel Leitungswasser, Wein und Apfelnektar), die ihre Bösartigkeit in den Kopf und in das Verhalten des jeweiligen Weintrinkers einpflanzen. Als Fazit lässt sich also festhalten: Der Mensch ist grundsätzlich unschuldig und nicht zurechnungsfähig.

aufspriten

Wem der Wein zu wenig Alkohol enthält, der schüttet Cognac und andere Weinsorten, die noch jünger und alkoholhaltiger sind, hinzu. Nimmt man etwa einen alten Rotwein, der in ungestrichenen Eichenfässern gelagert war, und fügt diesem alten Branntwein und hochklassige, junge andere Sorten hinzu, so entsteht auf diese Weise ein erstklassiger Portwein. (Die Zugabe von Branntwein ist übrigens hauptsächlich deswegen erforderlich, weil sich große Teile des Alkohols durch die Poren des Rotweinfasses im Laufe der Jahre verflüchtigt haben.)

aufwärmen

Einen zu kalten Wein (trink)fertig machen, indem man ihn zum Beispiel auf der Heizung oder in einem Wasserbad auf die richtige Temperatur bringt. Äußerst intelligente Methode, bei großem Durst diesen schnellstmöglich löschen zu können. Ist in ihrer Genialität nur noch durch das Kaltstellen (siehe Kühlschrank) zu überbieten.

Ausbruchwein

Wein der europäischen Spitzenklasse, dem man vor der Vergärung Jungwein oder Most zusetzt. Der Ausbruchwein, in der Landessprache Tokaj Aszú genannt, gilt als besondere Spezialität in ungarischen Gefängnissen, wo er von den zurückgebliebenen Häftlingen nach jedem geglückten Fluchtversuch getrunken wird.

ausdrucksvoll

Lage, Rebsorte, die Art des Bodens und der Jahrgang schlagen sich deutlich im Geschmack des Weines nieder. Da schlagen auch alle Versuche gewiefter Händler fehl, sich zwecks Umsatzsteigerung durch die abartige Form und Farbe der Flasche deutlich von anderen gleichartigen Weinen a u s d r u c k s v o l l unterscheiden zu wollen.

ausgebaut

Bezeichnung für einen Wein, der nach angemessenem Fasslager oder auch Flaschenlager voll entwickelt ist. Kein Vergleich also zu einem jungen unausgegorenen, unreifen und flach

Ausbruchwein

schmeckenden Jahrgang. Oder - um wieder einmal die Parallele zum Menschen zu ziehen: Das gestandene Mannsbild neben einem schmächtigen Spund.

Auslese

Ausgebrochene Trauben. Nicht zu verwechseln mit ausgebrochener Auslese, etwas, das nur dem unvernünftigen Potator (Trinker im Übermaß) passieren kann.

Baby

Hervorragendes „Trainingsgerät" für einen angehenden Weinkenner, an dem dieser lernen kann, wie man mit einem guten Wein umzugehen hat. Mit einem schlafenden Baby im Arm lässt sich nämlich besonders gut trainieren, auf welch behutsame Art und Weise man eine Flasche Wein aus dem Keller in die Wohnung tragen sollte.

Bacchanalien

Nach dem griechischen Mythos zu Ehren des Weingottes von den Bacchanten und Bacchantinnen veranstaltete wilde nächtliche Feste. Man könnte schon verzweifeln bei dem Gedanken, wie armselig sich dagegen unsere heutigen Stammtischrunden ausmachen.

Bacchus

Lateinischer Name für Dionys, den griechischen Gott des Weines. Welch einen Stellenwert muss der Wein vor zweitausendfünfhundert Jahren gehabt haben, dass man davon überzeugt war, er würde von einer Gottheit gesponsert?

Barbaresco

Nicht - wie man vielleicht vermuten könnte - die Bezeichnung für einen barbarisch verpfuschten Pansch, sondern ein hervorragender Tropfen aus der Gegend um Turin.

Baby

bestechend

Beerenauslese

Beerenauslesen sind Weine, die aus Ausbrüchen (einzelne besonders gute Trauben werden mühsam Beere für Beere von den anderen Trauben abgebrochen) bzw. Auslesen, die sogar überreif und edelfaul sind, bestehen. Der Laie verdreht die Augen vor Ekel über die schimmeligen, faulen Schrumpelbrocken, und der Kenner verdreht die Augen vor Entzücken beim Gedanken an den köstlichen Tropfen, der in dem hässlichen Entchen schlummert.

bekömmlich

Attribut für einen Wein, der so gut verträglich ist, dass man von ihm weder Kopfschmerzen noch Magenkrämpfe, Übelkeit, Brechreiz oder Durchfall bekommt. Welch ein Segen, dass es bekömmliche Weine ohne diese „Nebenwirkungen" heute - im Zeitalter der Massenproduktion - tatsächlich auch noch gibt. Gegen Aufpreis natürlich!

bestechend

Die Inhaltsstoffe, die den Ausschlag für Geruch und Geschmack geben, stehen stark im Vordergrund. Sie stechen schon beim Riechen am Korken beeindruckend in die Nase. Aber positiv, bitte!

Blaufränkisch

Österreichische Spezialität, die dafür bekannt ist, dass sie sehr, sehr schnell ins Blut geht. Mein Tipp: Zur Begrüßung kredenzt, bringt dieser ursprünglich aus dem Frankenland stammende Rotwein die Gäste unverzüglich in Schwung. Nicht zu verwechseln mit „Fränkisch Blau", den typischen Nasen der bayerischen weinseligen Bewohner links und rechts des Mains.

blumig

Dezent an Blumendüfte erinnernde Geschmacks- und Geruchsstoffe, die den Charakter eines Weines beeinflussen können. (Gerüchten zufolge sollen allerdings unter den Ampelologen nur solche Fachleute über blumige Geschmacksstoffe kompetent mitreden können, die auch schon einmal einen Blumenstrauß gegessen haben. Dass ein Wein angeblich dann erst blumig werden soll, wenn man den Schwanz eines Hasen in das Weinfass wirft, ist wiederum ein Gerücht, das seit vielen Jahren von Jägerlatein produzierenden Forstleuten an Stammtischen verbreitet und von naiven Winzern gutgläubig befolgt wurde.)

Bocksbeutel

Eine abgeflachte, breite Weinflasche, die in unseren Breiten in erster Linie dem Frankenwein vorbehalten ist. Dass sie ausgerechnet eine Nachbildung mittelalterlicher Medizinfläschchen ist, wird wohl seine guten Gründe haben.

Bodensatz

Auch Depot genannt. Vollkommen harmlose Ausfällungen, die beim Weißwein aus Weinstein und beim Rotwein aus Hefe bestehen (dort ein Zeichen des ruhigen Alterns). Wird von unwissenden Laien (igittigitt) oft als Schönheitsfehler oder Makel betrachtet. Früher wurde der Bodensatz immer als ein Oualitätsmerkmal angesehen.

bukettreich

Eine Steigerung bzw. der Plural des Begriffs blumig. Es entströmen dem bukettreichen Wein vergleichsweise die Düfte einer ganzen Gärtnerei.

Burgunder

Der Wein, der die Basis für Stunden ernsthaften Philosophierens ist. Burgunder-Wein, das ist eine wertvolle Unterhaltung spätabends bei gedämpftem Licht zwischen zwei ruhigen, gestandenen Menschen vor knisterndem Kaminfeuer in einer mit dunklem Holz getäfelten Bibliothek.

blumig

buttig

Qualitätsmerkmal von ungarischen Tokajer-Weinen (siehe Ausbruchwein). Ein bis fünf Butten von je 15 Kilogramm rosinenartig geschrumpften Weinbeeren der Rebsorte Furmint werden zur Qualitätsverbesserung einer Einheit Wein (136 Liter) zugefügt. Die exklusive Einzelhandelsform Boutique hat mit buttig nur vordergründig nichts zu tun: Was die horrenden Preise anbelangt, drängt sich nämlich ziemlich schnell eine Parallele auf.

Champagner

Geschützter Begriff für einen Champagner, der aus der Champagne stammt. Champagner, der nicht dorther stammt, darf nicht Champagner genannt werden. Selbst der Vermerk „méthode champenoise" darf nach einem EG-Gerichtsurteil nicht mehr verwendet werden. Meine Alternativ-Vorschläge: Das gute deutsche Wort „Schampus" und der Vermerk „schampusmäßig" oder „nach schampunesischer Methode hergestellt".
Echter Champagner wird fast immer aus der Pinot-Traube gewonnen.

charaktervoll

Bezeichnung für einen besonders kernigen Wein. Es werden einige Traubenkerne beim Keltern zurückgehalten, so dass die speziellen Merkmale von Jahrgang, Sorte, Boden und Lage im Kern des Weines gespeichert werden. (Typisch für die Lagen rund um den schwäbischen Weinort Kernen.) Es zeugt aber von besonders schlechtem Charakter, die Traubenkerne unkontrolliert in die Gegend zu spucken.

Châteauneuf-du-Pape

Sehr populärer Franzose aus dem südlichsten Rhônetal, der in der Regel (hoppla, wer weiß das schon?) aus bis zu zwölf verschiedenen Rebsorten zusammengeschnitten wird.

Cladosporium cellare

Einer der beiden Pilze, der das Herz des Vinothekbesitzers erfreut. Der grau-flockige Liebcharaktervoll

dekantieren

ling des Sammlers, der der Flasche (wohlgemerkt, nur der Außenhaut der Flasche) die Patina des ehrwürdigen Alters verleiht und die Feuchtigkeit im Weinkeller reguliert.

Cognac
Das gebrannte Kind des Weines. Darf eigentlich, wenn er nicht aus der Region Cognac stammt, auf gut deutsch nur Weinbrand genannt werden.

Cuvée
Französisch für Verschnitt. Verschiedene Weine werden zusammengefügt und ergeben entweder einen billigen Fusel oder einen hervorragenden Spitzentropfen. Ist doch logisch: Kippe ich viele billige Sauerampfer zusammen, kommt etwas anderes dabei heraus, als wenn ich tolle Spitzenweine zu einem harmonischen Cuvée komponiere.

Dekantieren
Umfüllen eines alten Rotweines in eine Karaffe. Der Wein wird bei diesem Vorgang mit Sauerstoff durchmischt und entfaltet dadurch alle seine guten Eigenschaften.

Dessertwein
Schwerer, süßer Wein, der - ähnlich wie dies ein Aperitif im Voraus tut - mit seinem Alkohol die Magensaftproduktion ankurbelt und ein Essen rückwirkend bekömmlicher macht. Man sieht, es gibt unglaublich viele Gründe, sich den verschiedensten Weinen zu widmen.

Dionys
Auch Bakchos genannter oberster Saufkopf und griechischer Weingott (lateinisch: Bacchus); Sohn des Zeus und seiner Geliebten Semele.

Dom Pérignon
Der „Fürstlichste" (Achtung: Kassensturz!) unter den Champagnern.

Dom Pérignon

duftig

eine dem Begriff blumig nah verwandte Bezeichnung für einen Wein, der über ein besonders zartes, angenehmes Bukett verfügt. Unwahr ist, dass Düfte durch naturidentische Aromastoffe in nichteuropäischen oder Nicht-EU-Ländern dem Wein zugefügt werden müssen.

Durst

Wenn man bedenkt, dass ein frisch gepflanzter Rebstock erst nach fünf Jahren die Trauben (für einen halben bis sieben Liter Wein) liefert, könnte es einem allein davon recht trocken im Hals werden. Wenn wir aber bedenken, dass sich der Winzer (ohne allgemeine Arbeiten) mindestens zwanzigmal (oder zweimal die Woche oder viereinhalb Stunden) um einen einzelnen Rebstock kümmern muss (rigolen, düngen, felgen, hacken, aufschiefern, schlacken, lockern, häufeln, umgraben, reuten, rotten, tochen, schneiden, heften, ausblatten und im Winter eventuell abdecken), möchte man fast erst einmal ein schnelles Bier bestellen.

Edel

Ein Charaktermerkmal, das nur für Weine gilt, die eine besondere Harmonie in Geruch und Geschmack, eine feine dezente Art, Reife und Fülle (Achtung: nicht zu verwechseln mit Völle) auszeichnet. Eine Steigerung ist auch in diesem Fall noch möglich: Ein h o c h edler Wein ist ein Gebiets- und Jahrgangsspitzenwein. Deswegen braucht man sich allerdings nicht zu schämen, selbst solch einen Wein auch zu trinken.

Edelfäule

Entsteht durch den Pilz Botrytis cinerea. Er durchbohrt mit seinen Würzelchen die Hülle der Traube und entzieht ihr das Wasser und auch einen Teil des für die Traube typischen Geschmacksaromas. Dies wird durch den Eigengeschmack des Fäulnispilzes ersetzt. Und der ist das Besondere für den Kenner. Mein Tipp für den Alltag: Als echtes Kind der Weinpfalz brachte ich die ewigen Vorwürfe meiner Mutter, ich sei zu faul, endlich durch den

Hinweis zum Verstummen, es handle sich bei mir um das Spitzenmerkmal der vererbten Edelfäule.

edelreif

Ein hohes Lied auf die Faulheit, auch Botrytiston genannt. Es ist kein Witz: Um dieses Prädikat zu verdienen, muss die Traube schwer krank gewesen sein: Der Botrytis-Pilz muss spätestens im Endstadium der Reife über die Traube hergefallen sein und sie verseucht haben. Dieses Verfaulen nennt man dann die Edelfäule (siehe dort), da dieser Pilz, vergleichbar dem Austernsaitling, der ja auch sehr edel schmeckt, dem Wein die eigenartige, wertvolle Eigenschaft des Edelfäulebuketts verpasst. Und das besitzen nur die großen Prädikatsweine wie Auslesen, Beeren- und Trockenbeerenauslesen.

Eigenschaften

Einem einzelnen Wein eigen anhaftende Merkmale, die ihn von anderen unterscheiden. Normalerweise entwickelt ein guter Wein seine Eigenschaften aus eigener Kraft. Der mit dem Ausbau Beschäftigte kann aber dem schlechten Wein zwecks Umsatzsteigerung (gegen dessen Willen?) seine eigenen Eigenschaften anheften. Dieser „vergewaltigte" Wein schmeckt dann nur noch nach dem Winzer (vergleiche kultivieren, klonen, ausbauen und panschen). Auch ein Virus lebt davon, seine eigenen Eigenschaften der fremden Zelle einzuimpfen.

einschenken

Erinnern Sie sich an Ives Montand in dem Film-Klassiker „Lohn der Angst"? So, wie er die berühmte Flüssigkeit in jenem Film zur Sprengung eines Felsblockes umfüllt, soll auch das Einschenken eines guten Tropfens geschehen: Ein Zeremoniell, das vollkommen fachmännisch ausgeführt werden muss. Der Einschenkende sollte so behutsam verfahren, als handele es sich bei der Flasche nicht um einen exklusiven Tropfen, sondern um explosives Nitroglyzerin.

edelreif

elegant

Ein offizielles Oualitätsmerkmal, das vertuschen soll, dass sich der Wein durch geradezu armseligen Alkoholgehalt und „feinartigen" (anders ausgedrückt: also genauso dürftigen) Geruch und Geschmack auszeichnet.

Mein Tipp für die künftigen Hersteller von alkoholfreiem oder Light-Wein (diese Marktlücke wird bestimmt auch bald von gesunden Geschäftemachern gestopft werden): „Elegant" muss auf das Etikett gedruckt werden und vielleicht sogar noch der Zusatz „Vollkornwein" oder „biologisch abbaubar".

entkorken

Das Entkorken (zumindest der Weißweinflasche) sollte nicht nur in der Gaststätte, sondern auch im privaten Kreis in der Gegenwart des Gastes stattfinden. Die Kapsel sollte unbedingt unterhalb des Flaschenhalses abgeschnitten werden, damit auch nicht ein einziger Tropfen über dieses schreckliche Material laufen kann. Die Flaschenöffnung ist sehr gründlich mit einer Serviette zu reinigen, denn die Patina des Korkens ist keine Delikatesse. Erst wenn sich der Korken drehen lässt, vorsichtig herausziehen, damit kein Knall den Wein in letzter Sekunde zu Tode erschreckt. (Auch wenn es noch so viel Spaß macht, die Korken richtig knallen zu lassen.)

entwickelt

Bezeichnung für einen sachgemäß ausgebauten Jungwein, der allerdings noch nicht in allen Eigenschaften seine volle Harmonie besitzt.

Über das Älterwerden braucht er sich nicht den Kopf zu zerbrechen: Weil nämlich alle Fässer, Container und Betontürme der Winzergenossenschaften (mehr als) randvoll sind, wird er dem ahnungslosen Käufer bereits in diesem frühen Stadium als etwas ganz Besonderes untergejubelt (wie zum Beispiel der Primeur).

einschenken

Erschütterungen

Erschütterungen tun dem Wein nicht gut und sind deshalb ein Faktor, den man unbedingt bei der Lagerung berücksichtigen sollte. Profis empfehlen daher Weinkellerbesitzern, die an einer viel befahrenen Straße, unter einem Tanzboden oder neben einem U-Bahn-Schacht wohnen, luftkissengefederte Regale aufzustellen.

Extrakt

Weinpulver. Wie Milchextrakt (Trockenmilch) oder Pulverkaffee ein gefriergetrocknetes Präparat, das mit Wasser aufgefüllt wieder zu „normalem“ Wein wird. Erstmals in Kanaan 29 n. Chr. angewandt. Es ist allerdings ein unhaltbares Gerücht, dass in Israel mit einem neuen Verfahren gefriergetrockneter Wasserextrakt hergestellt werden kann. Das wäre zwar eine segensreiche Erfindung für den Notfall in der Wüste, aber wo sollte man da das Wasser zum Anrühren herkriegen?

extraktreich

Nicht ein mit viel Weinpulver angereicherter, ehemals schwacher Wein, sondern ein Wein mit viel Fülle und Körper. Die diversen Inhaltsstoffe, die einen Wein charakterisieren, sind beim extraktreichen Wein in überdurchschnittlich hohem Grad zu finden. Kurz und gut: So charakterisiert man einen Wein der oberen Prädikatsstufen.

Fachkreise

Über Wein kann man zwar streiten, aber besser ist es, ihn zu kosten. Kosten u n d streiten - das ist den Weinfachleuten vorbehalten. Die Meinungen gehen hier genauso auseinander wie in jedem Karnickelzuchtverein, bei jedem Stammtisch oder im Bundestag. Aus diesem Grund nennt man die Tätigkeit von Fachleuten logischerweise fachsimpeln.

Dom Perignon

feurig

fein

Reich und vor allem vielseitig an Inhaltsstoffen, die harmonisch aufeinander abgestimmt sein müssen, das ist ein feiner Wein. Die Steigerung von einem feinen Wein ist ein hochfeiner Wein, und über dem hochfeinen steht in der Hierarchie der edle Wein. Übrigens: Ein hochfeiner Wein bringt fein viel Geld in die Kasse.

Feinde

Den Weintrinker wollen wir nicht zu den Feinden des Weines zählen, obwohl er ihn gnadenlos vernichtet. Dafür gibt es aber einige wenige echte Widersacher wie Reblaus, Frost, Dürre, Hagel, Kräuselkrankheit, Sauer-, Heu- und Springwurm, Weinmotte, Schildlaus, Dickmaulrüssler, Blattpockenmilbe, Odiumschimmel, roter Brennerpilz, Traubenwickler, Mehltau und Peronospora. Aber auch Dachs, Fuchs, Marder, Kaninchen, Hase, Reh, Hirsch, Wildsau, Wühlmaus, Scharrmaus, Star, Spatz, Elster, Fasan, Rebhuhn, Krammetsvogel, Weindrossel, Biene, Hornisse, Ameise, Maikäfer und nicht zuletzt die Schnecke sind ernst zu nehmende Konkurrenten, die an unserem Viertele schlotzen wollen.

feinfruchtig

Steigerung der Bezeichnung fruchtig (siehe dort). Ein feinfruchtiges Gewächs besitzt eine herzhaft-anregende Säure. Der Geschmack klingt an den von Gartenobst an. Nicht zu verwechseln mit Erdbeerwein, Kirschwein etc. (igitt!).

feurig

1. Weine, die eine angenehme Wärme verbreiten und ihrem Trinker gehörig einheizen. Sie verfügen über einen hohen Alkoholgehalt, der dafür sorgt, dass mit jedem Gläschen das Feuer im Blut geschürt wird.
2. Weine, die nicht nur wegen ihrer rubinroten Farbe Genießer Feuer und Flamme sein lassen.

Finesse

Etwas für echte Weinkenner und -liebhaber: Ein mit vielen geschmacklichen Feinheiten ausgestatteter wertvoller Wein, der auch ohne viel verkäuferische Finesse an den Mann oder die Frau zu bringen ist.

frisch

Ein Tropfen, der eine pikante Säure und natürliche Kohlensäure besitzt. Dadurch erhält er eine überdurchschnittlich spritzige und lebendige Note, das typische Bukett der Traube scheint durch.
Frisch wird eine Mischung aus Weinen „verschiedener Anbaugebiete der EG“ aber auch dadurch, dass man die Flasche einfach in den Kühlschrank stellt.

fruchtig

Die Fruchtnote der Traube schlägt auf den Wein durch und macht ihn wertvoll. Der fruchtige Geschmack kann auch an eine andere Frucht, wie zum Beispiel Pfirsich bei Weißweinen oder Mandel und Brombeere bei Rotweinen, erinnern (Steigerung: feinfruchtig, siehe dort). Der Begriff „fruchtig“ wird offiziell aber nicht dann gebraucht, wenn der Fruchtgeschmack durch das Hinzukippen von Fruchtsäften erzielt wird; das nennt man dann „Nassverschlimmbesserung“.

Fülle

Zustand des Weinfasses gleich nach dem Keltern; nimmt ab diesem Zeitpunkt dann nur noch ab (und nach einem Jahr hoffentlich rapide). Die Fülle des Fasses wird umso schneller geringer, je mehr Fülle der Wein besitzt. Das heißt, er schmeckt rund und vollmundig (siehe dort). Die Fülle des Weines ergibt sich aus dem hohen Alkohol- und Extraktgehalt, wenig Säure und dann eben auch aus hoher Restsüße und Nassverbesserung. Bei Letzteren ist dann unter gewissen Umständen am nächsten Tag auch mit einer Fülle des Kopfes zu rechnen.

Fülle

Gefällig

Ein kleiner oder mittlerer Wein, der trotzdem in Geruch und Geschmack noch ansprechend ist. Wird daher meist als einfacher Lohn für eine geleistete Gefälligkeit unverbindlich überreicht.

Geruch

Der Nase schmeichelnde oder sie beleidigende Ausdünstungen. Sie werden durch Schwenken des frisch gefüllten Glases verstärkt.
Neueste medizinische Untersuchungen haben ergeben, dass die Rotfärbung der Nase doch nicht durch das zu häufige Riechen am, sondern durch das Hineinstecken in den Wein entsteht.

Geschmack

Streitobjekt. Über Geschmack kann man bekanntlich trefflich streiten. Es lohnt sich allerdings nicht. Bis Mitte der siebziger Jahre hatte kaum jemand einen guten Wein-Geschmack. Denn auf die Frage nach einem trockenen Wein antworteten selbst Fachleute damals in der Regel noch mit 1. „Haaaa, haaaa!“ oder 2. (mit besorgter Miene) „Sind Sie schwanger?“ Letztere waren die Fortschrittlichen, die immerhin schon gehört hatten, dass es so etwas wie einen trockenen Wein tatsächlich geben soll.

Geschmäckle

Summe der Empfindungen auf den diversen Signalstellen der Zunge und der Mundhöhle. Geschmack ist - nebenbei bemerkt - aber auch der relativste aller Begriffe, nicht nur in der Welt des Weines: Vom natürlichen, durchgegorenen und völlig unbehandelten Bauernwein über Restsüße bis hin zum Kunstwein, der im Labor komponiert wurde, ist das Spektrum der Weine und das Spektrum der Anhänger und ihrer Vorlieben unendlich in seiner Vielfalt. Rümpft der Mensch, der Geschmack hat, unmerklich die Nase, handelt es sich in Süddeutschland um ein „Geschmäckle“.

Zu trocken!

Gletscherwein

Rèze. Eine uralte Rebsorte, die nur noch in der Schweiz in den hochgelegenen Bergdörfern des Eivisch-Tales (Val d'Anniviers) angebaut und bis zu 15 Jahre lang in Lärchenholzfässern gelagert wird. Gerüchten zufolge hat der Ötzi einen Rèze bei sich gehabt, den Reinhold Messner aber heimlich am Fundort ausgesoffen haben soll.

Gourmet

Auch das Trinken gehört zu den Genüssen des Feinschmeckers - nicht nur das Essen. Die Bedürfnisse des Gourmets sind nicht zu verwechseln mit denen des maßlosen Gourmands, der beim Essen zum Fresser und beim Trinken zum Säufer wird.

groß

Klassifizierung in der Wein-Hierarchie: Ein großer Wein steht auf der Stufe vor dem edlen Wein. Er ist ein über den Durchschnitt hinausragender wertvoller Tropfen, den die Vorzüge der Lage, der Rebsorte und des Jahrganges auszeichnen. Ein großer Wein füllt in der Regel leider nur kleinere Fässer. Und so wird ein süßer Lambrusco längst nicht zu einem großen Wein, nur weil er in einer Magnumflasche von zweieinhalb Litern abgefüllt wird.

Gutswein

Wein, der nicht unbedingt gut sein muss (soll das wohl suggeriert werden?), sondern von einem so genannten Weingut stammt.

Halbtrocken

Ein Mittelding für die schwankenden Gemüter zwischen Restsüße und/oder Nassverbesserung und trocken. Ein Wein, der einen Restzuckergehalt von höchstens 18 Gramm pro Liter besitzen soll und einen Gesamtsäuregehalt, der pro Liter 10 Gramm unter dem Restzuckergehalt liegt.

groß

Haltbarkeit

Hals brechen

Liebevolle Bezeichnung für das Öffnen einer Flasche. Bricht man aber mehreren Flaschen hintereinander den Hals, kann man sich anschließend sehr leicht selbst den Hals brechen.

Haltbarkeit

Was die Haltbarkeit betrifft, so gibt es einigermaßen grobe Faustregeln. An erster Stelle steht die Rebsorte: Der Gutedel (Chasselas) kann schon im ersten Jahr erwachsen sein und bald zur Firne werden und dahinsiechen, während am anderen Ende der Skala der Senior unter den Weinen, der Bordeaux, noch nach acht Jahren langsam vor sich hinreifen kann. Dann entscheidet der Jahrgang bzw. die Lage über die Haltbarkeit. Dazu kommt die richtige Überwachung der Fassentwicklung und der möglichst perfekt gewählte Zeitpunkt der Abfüllung. Aber ohne genügend Alkohol geht kaum etwas. Wie viel sicherer und leichter ist dagegen doch die Herstellung eines edlen und standardisierten Design-Weines im Labor.

harmonisch

Von einem harmonischen Wein spricht man, wenn sich alle Geruchs- und Geschmacksstoffe in einem Wein harmonisch vereinen und Käufer und Verkäufer einhellig der Meinung sind, dass der Preis für diesen Tropfen in Ordnung geht.

Harz

Ein Stoff, der früher wie heute fast nur noch in Griechenland dem Wein zugefügt wird. Ein Harzer Roller ist kein Samos (siehe dort) oder Mavrodaphne (siehe dort) oder ein über die Wirtshaustreppe kullernder Grieche, sondern ein am Bahnhof gelagerter Käse.

Hausbar

Statussymbol der sechziger Jahre. Hier wartet der zimmerwarme Weißwein aufrecht stehend Seite an Seite mit den jahrelang zu sieben Achteln angebrochenen und abgestandenen Whisky- und Likörflaschen auf das Jahr seiner Auferstehung im Weinheber.

herb

Ein ‚inoffizieller' Begriff, der meist auf Weinkarten und Preislisten zu finden ist und auf einen trockenen oder sogar halbtrockenen Wein hinweisen soll. Rotweine werden oft als herb bezeichnet, wenn Süße und Säure gegenüber dem Gerbstoffgehalt leicht im Hintergrund stehen. Herb ist auf keinen Fall dem Begriff „sauer" gleichzusetzen. Das wird da schon eher der Winzer, der Weinhändler oder der Wirt.

herbe Erfahrung

Süß hin, süß her - jedem Tierchen sein Pläsierchen. Doch wer den Mechanismus mit den Oliven kennt (man muss irgendwann zehn bis fünfzehn davon auf einmal essen, dann mag man sie sein Leben lang), der weiß, dass man einmal in richtiger Stimmung und Umgebung eine ganze Flasche trockenen Wein trinken muss, um fortan über die Süßen nur noch milde (bzw. süßsauer) zu lächeln.

Herbstbann

Schließen der Weinberge einige Wochen vor der Lese. Wird trotz scharfer Waffen der Bannhüter von einigen Feinden (siehe dort) räuberisch missachtet.

herbsten

Feuchtfröhliches Getöse mit Flirten, Singen, Trinken und Vespern, wozu der Winzer großzügig und selbstlos die Stadtbevölkerung einlädt. Der Muskelkater und die Erkenntnis, dass die Weinlese eine brutale Knochenarbeit sein kann, sind ebenfalls gratis.

herzhaft

Ein kernig-markanter, säurebetonter und nerviger Wein, der aber doch angenehm und in seinen Geruchs- und Geschmacksstoffen im Allgemeinen ausgewogen ist. Er macht beherzt und ist vor allem den Frauen zu empfehlen, die einem lieben Freund in gewissen Situationen endlich einmal alle Hemmungen nehmen wollen.

herbe Erfahrung

Hochgewächs

Obwohl sich der Vergleich zur Frau immer wieder aufdrängt, sind Hochgewächse nichts anderes als besonders edle Weine (siehe auch edel).

Holzwurm

Natürlicher Feind des Weines, ähnlich wie die Reblaus. Vor allem der Korkwurm hat eine diebische Freude daran, wenn die Flasche unfachmännisch im Stehen gelagert wird. Dann nämlich labt er sich genüßlich am Korken, macht die Flasche undicht und versaut den Wein. Liegt die Flasche, ist der Korken immer feucht, und der Wurm fällt besoffen vom Flaschenhals, noch bevor er seinen Frevel richtig beginnen kann.

hübsch

Einen Wein bezeichnet man als hübsch, wenn er ein kleiner Wein ist, der alles in allem gefällt (sofern man keine allzu hohen Ansprüche an ihn stellt). Eigentlich schon fast eine kleine Beleidigung.

Jahrgang

„Gib Acht auf den Jahrgang - der Wein muss alt und jung das Mädchen sein.“ Ein unfrommer musikalischer Wunsch und alter Gassenhauer. Mehr ein Postulat, das meist sowohl am Geldbeutel als auch am eigenen Jahrgang des betreffenden Mannes scheitern kann.

Kellerbuch

In ein Kellerbuch werden alle Flaschen eingetragen, die je das Regal der Vinothek bereichert haben. Das Führen eines Kellerbuches erweckt nur vordergründig den Eindruck von Pedanterie. Das buchhalterische Image wechselt spätestens dann zum Tagebuchflair der Erinnerung und Nostalgie, wenn man den Streichungen auch den Anlass zu diesem Akt schriftlich hinzufügt.

Holzwurm

körperreich

Kellerpflege

Beschränkt sich manchmal auf das sporadische Ausfegen des Bodens.

kernig

Ein kerniger Wein ist ein herzhafter und weinsäurebetonter Wein mit zurückhaltender Restsüße. Es handelt sich u. a. um Weine aus Rieslingreben, Weißburgundern, Trollingern und Limbergern. Im Übermaß getrunken, lockt er kernige Sprüche hervor.

Korken

Aus der Rinde der Korkeiche hergestellter Flaschenverschluss, der zugleich das Qualitätsmerkmal eines guten Weines sein soll. Dabei kann ein Plastikkorken oder Schraubverschluss für einen Wein mit nicht zu hoher Lebenserwartung zwar ein Sakrileg, aber durchaus gesünder sein. Korken „leben" höchstens zwanzig Jahre. Vom Geruch des Korkens wird oft behauptet, dass er uns gleich einen zuverlässigen Hinweis auf die Qualität des Weines gebe, und wer schon zu geizig für einen langen Korken sei, ginge wohl auch sonst sehr knauserig mit dem armen Wein um. Doch halt! Ein kurzlebiger Wein, wie zum Beispiel der Rosé, braucht auch nur einen kurzen Korken.

Korkenzieher

Werkzeug für eine kultische Handlung, die sehr behutsam ausgeführt werden muss, damit der Wein nicht erschüttert (das heißt, nicht in einen Schockzustand versetzt) wird. Vergleichbar dem Sektkorkenknallen, einer eher barbarischen Handlung, mit der man einen guten Schampus zu Tode erschrecken kann.

körperreich

Ein vollmundiger Wein mit gehobenem, jedoch nicht einseitig hohem Alkohol- und Extraktstoffgehalt. Ein feister, griffiger und gelungener Begriff, den man auch höflich für etwas zu dick geratene Menschen anwenden könnte.

Kreszenz

kräftig

Ein Wein mit einem nachhaltigen Geschmack und einem hohen, aber harmonischen Alkohol- und Extraktgehalt. Wer solch einem kräftigen Wein kräftig zuspricht, wird bald ganz schön schwach auf den Beinen sein.

Kreszenz

Keine bayerische Kellnerin, die in ihren Pranken gleichzeitig acht Maßkrüge durch das Bierzelt drückt, sondern der edle Ausdruck für einen besonders vornehmen Wein.

Kühlschrank

Folterkammer für einen guten Wein. (In seiner ‚Grausamkeit' nur noch durch Eiswürfel im Weinglas zu überbieten.)

Lagerort

Natürlich der kühle, dunkle, leicht feuchte (70 bis 80 Prozent) Weinkeller. Aber wer verfügt schon über einen derart idealen Lagerort? Ist kein Keller vorhanden, ist der beste Platz für den Wein unter dem Schlafzimmerschrank. Nicht weil in der Nähe der beste Ort für spontan stattfindende bacchantische Feste ist, sondern weil keine Speisekammergerüche durch den Kork dringen können und dort der kühlste Platz der ganzen Wohnung ist (bzw. sein sollte). Schlecht ist es hingegen, den Wein im Innern des Kleiderschranks aufzubewahren. Nicht wegen des Liebhabers, der einem hier die Vorräte wegsaufen könnte, sondern auch wieder wegen der Gerüche (wobei ich da wirklich nur an Mottenkugeln denke).

Lagerung

Obwohl Rotweine schwerer sind als die Weißen, sollen sie im Regal nach oben gehievt werden. Denn oben ist es bekanntlich wärmer als unten, und Rotweine können bis 15 Grad gelagert werden, während Weißweine möglichst nicht über 12 Grad erleben sollen. Zu warm

leicht

gelagerte Weine altern schneller. Vor allem wollen die feinen Tropfen im Dunkeln munkeln. Denn Licht, auch das der trüben Kellerfunzel, verdirbt den Charakter (des Weines).

lebendig

Auf den Trinker anregend wirkender spritziger, jugendlich-frischer Wein, der zu weiterem Trinken ermuntert. Die Behauptung, alle nicht lebendigen Weine seien tot, ist völlig aus der Luft gegriffen.

leicht

Ein geringer Alkohol- und Extraktgehalt weist leichte Weine aus. Sie werden normalerweise als so genannte Schoppenweine ausgeschenkt. Deswegen trinken leichte Mädchen auch die leichtesten Weine, denn sie wollen doch recht lange einen klaren Kopf behalten.

Licht

Vor allem ein guter Rotwein erfreut das Auge des Genießers, wenn man ihn gegen das Licht hält. Alle Sinne sollen vom Wein angesprochen werden. Doch wie gedankenlos werden Kubikkilometer der schönsten Weine so ganz nebenbei in die leeren Köpfe geschüttet, praktisch nur als Zeitvertreib und damit die Hände beschäftigt sind. Ein Jammer alleine schon für die aufwändige Handarbeit bei der Lese.

lieblich

Bezeichnung, die für viele Weinliebhaber ein rotes Tuch ist. Die Verkäufer lieblicher Weine dagegen umschreiben so einen ihrer Meinung nach angenehm milden, gefälligen Wein, dessen Restsüße bei ausreichenden anderen Inhaltsstoffen betont zum Ausdruck kommt. Achtung! Originalton:
„Der Begriff lieblich ist eine nach EU-Verordnung 1608/78 auch in der Etikettierung zugelassene Herstellungsbezeichnung und nicht an bestimmte Bedingungen geknüpft und der subjektiven Beurteilung des Herstellers überlassen.“ Ist das keine geniale Formulierung?

Da kann man sich nur subjektiv schütteln und sich statt Wein lieber gleich irgendeinen lieblichen Zuckerriegel reinschieben.

Limberger

Andere Bezeichnung für Lemberger und den Blaufränkischen (Österreich). Der einzige Rotwein, der nicht müde macht, sondern sogar das Temperament des Weintrinkers anregt.

Madeira

Die köstlichen Rebsorten des Malvasiers, die Gewächse von Sercial, Boal und Verdelho, werden auf der tief im Atlantik schwimmenden Blumeninsel Madeira zur Herstellung des süßen Madeira-Weines herangezogen. Zur Erhaltung der Traubensüße wird in der Regel die Gärung des Weines gestoppt, Alkohol hinzugefügt (gespritet) und mit stumm gemachtem Most oder eingedeckter Traubensaftkonserve nachgesüßt. Soll er gut werden, muss er mindestens sechs Jahre lagern.

Magen

Manchmal rebellierendes Organ, das seinem Besitzer zum Beispiel den Genuss von Weißwein versagen kann. Aber dann bleibt ihm ja noch der köstliche Rote.

Malaga

Obgleich mit Sherry oder Portwein vergleichbar, wird der Malaga wesentlich einfacher hergestellt. Selbst den besten Malagas wird für den Export und zur Haltbarmachung ganz schön zugesetzt. Und zwar Arrope (eingedickter Traubensaft) und Alkohol.

markant

Markant ist immer auch ein kräftiger Wein, der sich durch eine überdurchschnittlich individuelle Geschmacksnote von anderen Weinen unterscheidet. Und dadurch soll er überdurchschnittlich lange in der Erinnerung des Trinkers haften bleiben.

Magen

Geradezu eine Verleumdung des Begriffes markant ist es allerdings, einen Wein dann so zu bezeichnen, wenn er sich noch lange nach dem Genuss durch Aufstoßen in Erinnerung bringt.

markig

Von einem markanten Wein unterscheidet sich ein markiger Wein dadurch, dass seine wesentliche Geschmacksnote erst beim so genannten Weinbeißen (also beim Genießen in langsamen kleinen Schlucken) hervortritt. Diese Weine sind aber nicht nur kräftig, sondern auch noch füllig (siehe auch unter Fülle) und körperreich (siehe dort) mit einem besonders kernigen Ausdruck. Nun, lasst uns die Zähne wetzen!

Marsala

Ein sizilianisches sherryähnliches Kind mit englischen Geburtshelfern. Die sherrysüchtigen Tommies wollten das spanische Sherry-Monopol untergraben und animierten die Italiener zur Produktion in großem Stil: ein Süßwein aus der Grillo-, Catarato- und Inzoliarebe mit gebremstem Most. Der Marsala vergini ist vollkommen naturrein (also vollkommen durchgegoren, ohne jeglichen Zusatz), dafür aber kein richtig süßer Dessertwein. Schleckermäulchen müssen doch immer wieder Kompromisse machen.

Mavrodaphne

Griechischer Dessertwein von höchster, leider auch nicht eigener Süße, der in seinem Körper nur noch vom Tokajer Ausbruchwein (siehe dort) übertroffen wird.

mild

Praktisch nur auf den Weinkarten der Gastronomen zu findender Begriff, der das Gegenteil von herb (siehe dort) beschreiben soll und in einer anspruchsvollen Weinansprache nicht unbedingt (und schon gar nicht für sich alleine) benutzt werden sollte. Meint in der Regel einen lieblichen, leichten und süffigen Schoppenwein.

markant

mollig

Mit mollig ist nicht etwa die Form der Flasche (also zum Beispiel ein Bocksbeutel) gemeint, sondern ein warmer Rotwein, der zart, vollmundig, arm an Säure und mild ist. Er ist von saftiger Üppigkeit, und - honi soit qui mal y pense - die Kellnerin muss auch nicht unbedingt spindeldürr sein.

Morio-Muskat

Kreuzung aus Sylvaner und Weißburgunder (siehe dort). Durch die Kreuzung wurde zwar ein intensives Muskat-Parfüm gewonnen, die dezente Blume des Weißburgunders und die milde Vollmundigkeit des Sylvaners gingen aber verloren. Wollen wir also einen Morio-Muskat mit einem Weißburgunder und einem Sylvaner mischen?

Müller-Thurgau

Ein dem Riesling x Sylvaner unglaublich nah verwandter Wein. Er ist ungefähr genauso eng mit ihm verwandt wie der jüngste Sohn meiner Mutter mit mir. Und ich habe nur einen Bruder. Und der ist drei Jahre älter.

Musik

Wenn viele Finessen und die anregende Art eines Weines den Vergleich mit einem kunstvollen Musikstück aufkommen lassen, spricht man davon, dass er „Musik hat". Die Kombination des Weintrinkens mit dem gleichzeitigen Anhören heiterer Musik lässt die beiden Genüsse zu einer Harmonie verschmelzen, wie sie besonders in den österreichischen Weingebieten (wie zum Beispiel der Wachau oder am Neusiedler See) so angenehm gepflegt werden. Die unzähligen Weinlieder entschuldigen oft auf versöhnliche Art für die nicht selten unseligen Folgen des übermäßigen Weingenusses.

Nervig

Ein Begriff, der in der Sprache des Weines eine völlig andere Bedeutung hat als im alltäglichen Sprachgebrauch, wo er u. a. eine - gelinde ausgedrückt - anstrengende Person charakterisiert. Gemeint ist hier vielmehr ein rassiger, körperreicher, harmonischer und säurebetonter Tropfen, wie er von den wirklichen Weinspezialisten bevorzugt verkostet wird.

nett

Ein mittlerer bis eher kleiner Wein, der einem ein relativ begrenztes Spektrum an Geschmacks- und Geruchsempfindungen bietet. Nichtsdestotrotz ist es ein recht angenehmer Tropfen. Nett eben.

Noah

Der erste Weintrinker, der in der Geschichte erwähnt wurde und - nebenbei bemerkt - auch schon sturzbesoffen war. Immer das gleiche Problem.

nobel

Von der Bedeutung her ist ein nobler Wein nichts anderes als ein vornehmer Tropfen, dessen Inhaltsstoffe überdurchschnittlich elegant und fein sind und harmonisch zueinander passen. Man lasse sich aber nicht einschüchtern, denn man muss ihn nicht unbedingt im kleinen Schwarzen oder mit Cut und Fliege trinken.

Öchsle

Gradeinteilung für den Zuckergehalt des Mostes (spezifisches Gewicht) auf dem Aräometer, der von dem deutschen Optiker und Physiker Ferdinand Öchsle (1774-1852) erfundenen (allerdings recht unzulänglichen) Mostwaage (15,7 Prozent Zucker sind 75 Grad Öchsle). Je nach den Unzulänglichkeiten der Lage und der Rebsorten werden von Amts wegen Minimalforderungen an die Öchslegrade eines Weines gestellt, sonst kann der Winzer seinen Wein selber saufen.

Noah

organoleptisch

Die Art, wie du und ich den Wein prüfen. Nein, nein, das soll keine Beleidigung sein. Organoleptisch heißt, den Wein einfach trinken. Als Gegenteil gibt es noch die chemische Prüfung im Labor. Aber das wollen wir lieber der Lebensmittelpolizei überlassen.

Österreich

Ein für viele Mitteleuropäer unbekanntes Traumland des Weins: Nicht nur die märchenhaften Weine an sich, sondern auch die Landschaft, die Menschen dort und die Gärten, in denen man die Gumpoldskirchner, Kremser und Ruster ausschenkt, dehnen das Herz.

Panschen

Einen Wein mit Zuckerwasser, Rüben- oder Fruchtsaft zu strecken und gleichzeitig zu süßen, bedeutet noch lange nicht, dass man panscht. Zur Straftat wird solches erst dann, wenn es das vom Gesetzgeber vorgeschriebene Limit überschreitet. Dann spricht man von „überstrecken“ (siehe auch taufen). Was es nicht alles gibt!

parfümiert

1. Weine, die absichtlich oder unabsichtlich (aus Unkenntnis) im Frisiertisch der Dame gelagert werden und durch den Korken mit der Zeit ihr falsches Aroma erhalten.
2. Offiziell so genannte parfümierte Sorten wie Traminer, Ruländer und Muskateller.

pikant

„Ein aus dem Durchschnitt herausragender eleganter Wein, der - als Aperitif genommen - den Feinschmecker auf ein köstliches Essen vorbereiten kann. Er wirkt lebendig, vor allem durch seine feine Säure.“ Hinter dieser offiziellen Lesart ist erneut der schmalspurige ‚Unterdurchschnitt’ verborgen (siehe elegant). Bei genauerem Hinsehen ist nur das Essen vorteilhaft beschrieben, der Aperitif wenigstens lebendig (also nicht ganz tot), und man freut

Was hältst du von einem organoleptischen Stündchen?
Förth

sich auf die Steigerung durch das köstliche Essen. Und so wendet sich ein Weinschmecker pikiert ab von so einem pikanten Wein.

Pinot

Der Pinot noir ist wohl die erlesenste Traube überhaupt, auch wenn der Pinot-Chardonnay (der absolute König unter den Weinen) wahrscheinlich ein untergeschobenes Kind des Pinot ist. Aus dem Pinot noir werden praktisch alle großen Rotweine gewonnen. Der Pinot gris (Ruländer) steht als Weißwein dem großen roten Bruder kaum nach.

Rassen

Beim Wein gibt es wie überall in der Natur unterschiedliche Rassen mit unterschiedlichen Merkmalen. Der Weiße verträgt nicht so viel Wärme wie der Dunkle und der Mischling ist widerstandsfähiger als der Reinrassige.

rassig

Nicht etwa das Bild einer Wein lesenden, schwarzhaarigen, glutäugigen Spanierin auf dem Etikett macht einen rassigen Wein aus, sondern eine fruchtig-anregende Säure und ein niedriger bis mittlerer Alkoholgehalt. Er wirkt herzhaft und lebendig.

reif

Ein Wein ist (ähnlich wie der Weintrinker) dann reif, wenn er kurz vor dem Umkippen steht (als Flasche vom Regal oder als Getränk, bevor die Essigmutter zuschlägt). Als Qualitätsmerkmal spricht man von reif, wenn der Wein all seine Geschmacks- und Geruchsstoffe voll entfaltet hat. Die Trauben müssen allerdings vorher ihre volle Reife entwickelt haben. Ist ein Wein über das Reifestadium hinaus, ohne dass er umkippt, bezeichnet man ihn als Firne.

rezent

Von lateinisch recens für jung bzw. frisch. Eine etwas antiquierte Charakteristik, die man

parfümiert

früher für Rieslingweine benutzte, die kernig, kräftig und mit einer betonten, angenehmen Säure ausgestattet sind. Sie sind frisch (also jung) und trotzdem schon von einer betonten Eleganz.

Rhein

Für den Weinfreund reicht der Rhein von Chur im schweizerischen Graubünden bis nach Köln und kaum einen Schritt weiter. Da können sich alle Geographielehrer der Welt auf den Kopf stellen.

Rhône

Ein einmaliger Fluss, der wie sonst kein zweiter auf der Welt auf weiter Strecke von Weinstöcken (und noch dazu von recht guten) eingerahmt wird: Von Visperterminen in der Schweiz, kaum dem Rhônegletscher in schwindelnder Höhe entronnen, bis ans Mittelmeer (am Bouche du Rhône im sonnenverwöhnten Gebiet des Châteauneuf-du-Pape) begleiten ihn die Reben zu Tal.

Riesling

Der verbreitetste und einer der ältesten (vermutlich pflanzten ihn schon die Römer am Rhein an), nicht zuletzt aber auch einer der kostbarsten aller Weine. Trockenbeerenauslesen der besten Lagen sind tatsächlich in der Regel teurer als die teuersten Montrachets und Château d'Yquems. Achtung: Die Amis in Kalifornien sagen zum Riesling Sylvaner. Vielleicht, weil sie es besser aussprechen können?

Riesling x Sylvaner

Der Schweizer Professor Hermann Müller aus dem Thurgau kreuzte (daher das Kreuz in der Schreibweise) 1882 den Riesling (angeblich) mit dem Sylvaner. Inzwischen zweifelt man an der Beteiligung des Sylvaners. Doch wo bleibt heute die Genforschung und die moderne Wissenschaft des Vaterschaftsnachweises? Hier könnte sie einmal etwas wirklich Unge-

Ries-
ling
Yes, please give me 10 bottles of this wonderful Sylväner!

Rotwein

fährliches entdecken. Wie auch immer, Müller gelang die Erfindung eines köstlich frischen Tischweines, der auf ewig seinen Namen trägt.
Ein Herr Georg Scheu probierte zu Beginn des 20. Jahrhunderts das Gleiche, und seitdem gibt es die Scheurebe (offiziell Sämling 88 oder noch viel offizieller S 88 genannt. Wie kann man einem Wein nur so einen Namen verpassen?).

rosarot

Farbe eines Zwitters (weiß plus rot) oder eines jungfräulichen Weines. Claret (Clarette), Rosé, Schilcher, Weißherbst, Schillerwein, Gleichgepresster, Süßabdruck usw. sind die Namen solcher rosaroten Weine. Er wird gewonnen, indem man 1. Weiß- und Rotweinbeeren zusammen abpresst, 2. die blauen Trauben sofort nach dem Maischen keltert (dann erhält man eine goldbraune Farbe) und 3., indem man die Maische von blauen Trauben kurz vor dem Einsetzen der Gärung keltert. Außerdem gibt es 4. die Möglichkeit, die blaue Traube gleich nach dem ersten Angären abzupressen. Alle diese rosaroten Weine halten sich in der Regel nicht sehr lange und werden deshalb als jungfräulich bezeichnet. Hm. Ein Roséwein sollte immer kühl serviert werden.

Rotwein I

Die Milch der Greise; das Labsal des erfahrenen Menschen. „Rotweintrinker sind bessere Menschen“, sagte der Grüne Heinrich von Gottfried Keller, und ich kann nur sagen: Recht hat er. Und wenn böse Zungen behaupten, der Rotwein lege dem Geist Scheuklappen an ... Auch recht so. Damit wird der Rotweintrinker wenigstens zeitweise und notdürftig vor der Brechreiz erregenden Borniertheit, der verbrecherischen Selbstgerechtigkeit und der mörderischen Intoleranz ringsumher abgeschirmt.

Rotwein II

Eine der beiden Weinsorten, die in nördlichen Gefilden auf den Getränkekarten zu finden sind (vergleiche Weißwein). Zumindest fällt einem dann die Wahl nicht so schwer wie beim

Säure

Studieren einer dickleibigen Weinkarte. Man weiß blitzschnell, dass man heute lieber ein Bier trinkt.

Saftig

Gängige Bezeichnung für einen Wein, der eine betont fruchtige Note besitzt. Damit soll aber keinesfalls zum Ausdruck gebracht werden, dass dieser Wein mit einem Fruchtsaft zwangsverheiratet wurde. Als saftig charakterisiert man einen Tropfen, der einen durchschnittlichen Alkoholgehalt besitzt, von klassischen Reben stammt und reduktiv ausgebaut wurde.

Samos

Ein griechischer Süßer, der aus der Muskateller- und der Fuianotraube hergestellt wird. Der Moscado wird ausschließlich aus der Muskatellertraube gewonnen. Griechophile Touristen schluchzen gerne von der südlichen Sonne, die den Samos so süß macht. Aber es ist zum Weinen: Selbst der Samos kann nur durch Schwefeln oder Gärungswürg im Druckbehälter einen Honigabend beim Sirtaki so intensiv versüßen.

samtig

Ein in der Regel den Rotweinen vorbehaltenes Charakteristikum. Samtig sind Weine, die weich, voll und mild mit einem dezenten Gerbstoffgehalt sind. Sie sollen einen hohen Glysantin-, Verzeihung, Glyzeringehalt und einen niedrigen Säuregrad (3,5 bis 5 Gramm pro Liter) besitzen. Damit sind sie winterhart, und man hat auf der Zunge ein Gefühl, als würde man vom Samthandschuh der Angebeteten zehren.

Säure

Unabdingbarer Inhaltsstoff eines jeden Weines. Die Säure kann mit dem Zeitpunkt der Firne reduziert werden. Hat er zu wenig, schmeckt er flau, hat er viel, ist es ein trockener Wein. Glaubt man, er habe zu viel, ist er als Wein zwar verdorben, kann aber dann einen wunderbaren Essig abgeben.

Schaumbremse

Anderes Wort für Wein, wenn dieser ausschließlich zum Zwecke der Beruhigung verkostet wird.

schön

Ein Prädikat der Ratlosigkeit, wenn einem nichts Besseres zu einem Wein einfällt. Daher eigentlich schon fast eine Beleidigung.

schönen

Endlich einmal ein bei den Laien meist negativ besetzter Begriff, den ich in Schutz nehmen kann. „Schönen“ meint ein schon von den Römern benutztes Verfahren zur Klärung des zunächst trüben Weines mit Eiweiß, Fisch-Schwimmblase, Gelatine usw. Trübe wird dieses Thema des Enttrübens allerdings, wenn unerlaubte Stoffe oder erlaubte Chemikalien ins Spiel kommen. Dann wird das Schönen nämlich weniger schön.

Schwanz

Ein Wein hat einen so genannten Schwanz, wenn noch lange nach dem Schlucken bestimmte Geschmacksempfindungen nachklingen oder sogar dann erst neue, andersartige im Mund des Weintrinkers entstehen. Mitunter wird dieses Phänomen auch Abgang genannt. Ein Wein ohne Schwanz ist „kurz“.

Schwefel

Über Schwefel gibt es viel Geschwafel. Hier die nüchternen Fakten: Er scheint ein nahezu unverzichtbarer Stoff bei der Weinherstellung zu sein. 1. Die Reben werden damit besprüht oder bestäubt, um sie gegen Pilze und andere Krankheiten zu schützen (z.B. Mehltau). 2. Die Fässer werden mit Schwefelgasen sterilisiert und der Wein selbst kann 3. durch Versetzen mit Schwefelsulfid oder anderen Verbindungen am Durchgären gehindert werden. Die kleinen lieben Tierchen, die den Zucker in Alkohol verwandeln, müssen dadurch

VIAGRA
Der Wein ist noch zu kurz!

sterben, und der Wein bleibt, je nachdem wie spät man das macht, mehr oder weniger süß. Ein sensibler Schmecker registriert selbst geringste Spuren von Schwefel am Geruch des Weines, am Kribbeln in der Nasenspitze und am „dicken“ Geschmack auf der Zunge. Ein unsensibler Säufer lediglich am dicken Kopf am nächsten Morgen.

schwenken

Zeremonie vor dem ersten Schluck, um einige der Geruchsstoffe im Wein freizusetzen, die man dann besser riechen kann. Unwahr ist allerdings, dass auch der böse Wolf das kleine süße Rotkäppchen erst in einem Glas schwenken musste, um es besser riechen zu können.

schwer

Ein hoher Extrakt- und Alkoholgehalt zeichnet einen schweren Wein aus. Beim Trinken stellt sich schon nach kurzer Zeit ein Empfinden ein, das man nur mit „satt“ beschreiben kann. Allerdings ist ein schwerer Wein deshalb noch lange nicht geeignet, einen rechtschaffenen Hunger zu stillen.

Sciacchetra

Ein italienischer Spitzenwein, der zum Teil so abenteuerlich an den Felswänden der Küste wächst, dass er von den Winzern nur durch Abseilen über die Klippe erreicht werden kann. Und da schimpfen die Weinbauern in Mitteleuropa, dass es ihnen schlecht geht.

Sekt

Im Gegensatz zum Selterswasser das Getränk der erfahrenen Generationen. „Sekt oder Selters“ - vor diese Alternative gestellt, fühlen sich junge Frauen nicht selten eher zu etwas älteren Liebhabern hingezogen.

Sherry

Typisch Engländer: Kaufen alles auf, was nicht niet- und fassfest ist, und verstümmeln dann

schwer

auch noch den guten alten Namen der Stadt Jerez (nordwestl. Gibraltar), aus deren Gegend der „Jerez“ (bzw. Sherry) kommt, weil sie einfach keine anderen Sprachen akzeptieren wollen. Sherry wird meist aus den Rebsorten Pedro Ximénez (abgekürzt P.X.) mit einigen Oloroso-Beeren verschnitten oder aus Moscatel hergestellt. Aber wir Kontinentaleuropäer sollten den „Jerez“ trotzdem ohne schlechtes Gewissen den Engländern gegenüber genießen.

Solerasystem

Richtig ist, dass beim Solerasystem der neue Wein eines Jahrgangs immer zum verbliebenen alten Wein gegossen und dadurch eine hervorragende Qualität erzielt wird. Typisch ist dieses Verfahren z.B. für den Sherry und die alten Weine in den Hochlagen der Schweiz. Falsch ist, dass beim Solerasystem der neue Wein auch zu einem Fass Zuckerwasser gegossen werden kann. Das soll zwar nicht heißen, dass dies nicht auch gemacht würde, aber dann ist es zumindest kein Solerasystem mehr.

Sortimentwein

Gegenteil von Typenwein, Soleraverfahren oder Verschnitt.
Der Sortimentwein stammt von Trauben einer Rebsorte, einer Lage und eines Jahrganges. Ist - wie alles Reinrassige - nicht immer das Nonplusultra. Eine gute Mischung ist oft die Spitze der Qualität.

Spätburgunder

Pinot noir, St. Laurent, Pinot Meunier, Müllerrebe, Samtrot und - auf schlecht Schwäbisch - Schwarzriesling genannt.

Spätlese

Die Winzerwitwe auf neuerlicher Brautschau oder die Ernte von nur vollreifen Trauben und Bezeichnung für den daraus gewonnenen naturreinen Wein. Im kalten Mitteleuropa können

Spanien-Tours
1mal Sherry, aber first class, please!
FORTH

die Trauben selten vollkommen ausreifen. Die Herkunftsbezeichnung plus „Spätlese“ darf nur aufs Etikett, wenn zwei Drittel der Trauben aus dem jeweiligen Gebiet stammen.

Spiel

Ein Wein kann Spiel haben, wenn er viele verschiedene feinartige Inhaltsstoffe besitzt, die angenehm aufeinander abgestimmt sind. Charakteristisch für solch ein Spiel ist das angenehme Empfinden, „den Mund voll Wein“ zu haben.

spritzig

Je mehr natürliche Kohlensäure ein Wein besitzt, umso mehr empfindet ihn der Trinker als spritzig. Er wirkt erfrischend und belebend. Grundlage dieser Qualität sind Tonschiefererden und Böden mit einem hohen Mineral- und verwitterten Gesteingehalt. Zur Not kann man nach dem dritten Viertele auf nüchternen Magen einen gespritzten Wein auch einmal als spritzig bezeichnen.

stahlig

Ein Wein wird als stahlig bezeichnet, wenn er einen eindrucksvollen Säuregehalt besitzt, an den sich der Genießer erst langsam gewöhnen und herantasten muss. Dann aber ist es die Regel, dass der Weinfreund sich auf diese Qualität „einschießt“ und dabei hängen bleibt.

Stammbaum

Mit Stammbäumen von Menschen, Tieren und Weinen ist das so eine Sache. Ist ein Pinot-Chardonnay nun ein Pinot - oder nicht? Das französische Weingesetz bejaht diese Vaterschaft großzügig - wie ein Ehemann, der, selber Chinese, einen Sohn als den seinen anerkennt, obwohl dieser aussieht wie ein echter Neger.

Stillwein

Soll im Kaiserstuhl die Bezeichnung für die Muttermilch sein bzw. für das übliche Getränk

Mein Stammbaum
Zum fröhlichen Träubchen
Forath

Strohwein

in der Babyflasche. Dermaßen „geeicht“, nimmt es nicht Wunder, dass man die Nase der Eingeborenen dort auch gerne als „Eichplombe“ bezeichnet.
Dort aufgewachsen, kann ich jedoch beschwören, hier auch schon vollkommen nüchterne Menschen gesehen zu haben. Ob es Touristen waren, kann ich allerdings nicht auf meinen Eid nehmen.
Das Gegenteil des Stillweines ist der einen gehörigen Lärm verursachende, moussierende, kohlensäurehaltige Wein.

Strohwein

Ein Wein, der aus Trauben gewonnen wird, die nicht von der Edelfäule befallen werden. Diese sind von allen nicht ganz vollreifen, kranken oder beschädigten Beeren befreit und dann auf Strohmatten zum Nachtrocknen in die Sonne gelegt worden.

süffig

Ein leichter Wein, der gut bekömmlich ist und dazu verführen kann, mehr zu trinken, als man eigentlich zunächst geplant hatte. Wird deswegen wohl auch gerne von Wirten im Ausschank geführt.

süß

Mitteleuropäische Lagen können nur dann als süß bezeichnet werden, wenn sie einen erhöhten Restzuckergehalt aufweisen. Wie auch immer man dieser Situation begegnen will, unterscheiden sich Restzuckerweine auch noch dadurch, dass sie entweder eine harmonische oder eine einseitige Süße beherbergen. Wenn Gegner von Restsüße solche Weine als Zuckerwasser bezeichnen, entbehrt diese Definition nicht einer gewissen polemischen Aggressivität. Nach der berühmten EG-Verordnung 1608/76 ist die Bezeichnung „süß“ auf dem Etikett der Flasche zugelassen, ohne dass diese Qualifizierung an bestimmte Bedingungen geknüpft wäre. Sie ist völlig der subjektiven Beurteilung des Herstellers anheim gegeben.

Taufe

Sylvaner

Die in Deutschland am meisten angebaute Rebe. Dankbares Exemplar für interessante Züchtungen und Kreuzungen (siehe zum Beispiel Riesling x Sylvaner). Zumindest muss der Sylvaner oft seinen Namen dafür hergeben.

Taufe

Ein christlicher Akt der Nächstenliebe. Damit der künftige Weintrinker nicht zu schnell unter den Tisch sinkt, wird der Wein unter dem Murmeln eines Reichtum verheißenden Segenswunsches mit Wasser übergossen. Wie fast alle christlichen Akte stammt auch dieser aus heidnischen Zeiten.

Tokajer

Ein Tropfen, der - sollte er auch noch fünfbuttig sein - ein Nonplusultra unter den Spitzengewächsen der Welt ist.

Traminer

Zusammen mit seinem Mutanten, dem Gewürztraminer, eine der edelsten Reben der Welt. Die weiblichen Gourmets lieben ihn noch mehr als die männlichen. Ein in Alkoholgehalt und Körper voller Wein, der ausgesprochen nobel ist und ein Bukett besitzt, das intensiv an den Duft von wilden Rosen erinnert. Da kann einem doch vom Lesen schon schwindlig werden, nicht wahr?

trocken

Im Gegensatz zur Bezeichnung „süß“ ist „trocken“ nicht der subjektiven Willkür des Herstellers ausgeliefert: So darf ein trockener Wein höchstens 4 Gramm Restzucker pro Liter enthalten. Es dürfen allerdings bis zu 9 Gramm sein, wenn der Gesamtsäuregehalt höchstens um zwei Gramm pro Liter unter dem Restzuckergehalt liegt. Die Frage: „Trocken oder nass?“ ist in diesem Zusammenhang überhaupt kein Kalauer, sondern eher ein Trauerspiel.

Denn das Gegenteil eines trockenen Weines kann ein Nassgezuckerter sein (z.B. mit Zuckerwasser). Von Gesetzes wegen ist dieser erlaubt, weil es doch tatsächlich Konsumenten gibt, die so ein Zeug hektoliterweise kaufen (und dann - wie zu befürchten ist - wohl auch saufen). Aber seien wir tolerant: Das Traurige daran ist doch nur, dass so eine Mischung „Wein" genannt werden darf und nicht „Schorle" heißen muss.

Trockenbeerenauslese

Eine Beerenauslese, bei der keine Edelfäule vorkommt.

Trollinger

In Schwaben wachsender, aus Tirol stammender Wein, der früher Tirolinger hieß. Auch in seiner ursprünglichen Heimat sind die Namen vielfältig und reichen von Hammelhoden über Hudler und Mohrendutte bis zum Groß-Vernatsch.

Typenwein

Resultat des Zusammenkippens (eleganter: Verschneidens) von zum Teil sogar recht unterschiedlichen Weinen. Was sich für den Laien zunächst sehr barbarisch anhören mag, ist ein Verfahren, das zu großartigen Ergebnissen führen kann (zum Beispiel Portwein, Edelzwicker, Châteauneuf-du-Pape).

typisch

Merkmale, die einzigartig sind für einen Wein derselben Rebsorte, Lage sowie desselben Jahrgangs und Anbaugebietes. Es handelt sich also um einen in jeder Beziehung unverwechselbaren Wein, den man so schnell nicht vergisst. Was sich übrigens auch auf den Preis beziehen kann.

Typenwein

verschütteln

Verschnitt

Zusammenstellung eines Weines aus unterschiedlichen Rebsorten, Lagen oder Jahrgängen. Wer allerdings meint, verschnittene Weine seien zwangsläufig schlechte Weine, der hat sich kräftig geschnitten.

verschütteln

Einen Wein zu Fuß (bei übergroßem Durst besser noch im Dauerlauf) aus dem Weingeschäft nach Hause tragen, um ihn dann sofort zu verkosten. Dadurch werden die Geschmacks- und Geruchsstoffe des Weines optimal durchmengt und die Harmonie des Weines wird besonders gut präsentiert. Problematisch könnte es bei dieser Methode nur für den Magen des Weinkenners werden. Der dürfte sich beim Lesen dieser Vorschrift nämlich gleich mehrmals umdrehen.

Vin doux

Französisch für süßer Wein. Nicht zu verwechseln mit den Verschnittweinen aus Spanien, Italien und Griechenland. Zwar ist auch ein Vin doux leicht gespritet, da durch die lange Lagerung Alkohol verloren geht, doch ist er immer aus einer einzigen Rebsorte höchster Qualität.

Vinothek

Das Nonplusultra nobler, wohlhabender und erlesener Lebensart. Kann ähnlich einer Bibliothek oder einer Briefmarkensammlung sowohl Stätte der Erbauung, lukrative Geldanlage oder höchstes Prestigeobjekt (bzw. auch alles zugleich) sein. Das Sympathische an einer Vinothek ist im Gegensatz zu einer Briefmarkensammlung, dass man einen wertvollen Tropfen aus gegebenem Anlass auch einmal trinken kann. Dass eine blaue Mauritius in geselliger Runde auf einen Brief gepappt wird, um diesen dann in den Kasten zu werfen, geschieht schon eindeutig seltener.

voll

Ein voller Wein hat viel Körper und einen hohen Alkoholgehalt. Er ist vollmundig, füllig und trotzdem harmonisch in Geschmack und Geruch. Ein voller Trinker dagegen hat viel Wein im Körper und kann nur sehr vorübergehend vollmundig sein. Aber lassen wir das lieber und wenden wir uns mit Grausen wegen der fehlenden Harmonie in Geschmack und Geruch.

vollendet

Das Gegenteil von nobody is perfect. Ein maximales Prädikat für einen echten Spitzenwein höherer Qualität, der auch zeitlich auf einem Höchststand der Entwicklung steht.
Die Bezeichnung „vollendet“ sollte nur einem großen Wein vorbehalten sein, ist es aber nicht immer.

vollkommen

Ein tadelloser Wein, der alle Harmonie in Klarheit, Geschmack und Geruch besitzt.

vollmundig

Ein fülliger, runder und dabei sehr ausgewogener Wein, dessen Alkoholgehalt unter dem Durchschnitt liegt. Im Fachchinesisch der Weinkenner hat der Begriff vollmundig nichts damit zu tun, dass der Trinker ab einem gewissen Weinkonsum den Mund etwas zu voll nimmt. Diese Erscheinung ist bekanntlich immer von der Seelen- und Charakterlage des Konsumenten abhängig.

vornehm

Die Klassifizierung vor der Bezeichnung „edel“. Alle Qualitäten, die einen guten Wein ausmachen, sind beim vornehmen Wein harmonisch vorhanden. Er ist ein gediegener Wein, vor dem ein einfaches Gemüt leicht zu viel Respekt bekommen kann.

vollkommen

Weich

Ein Tropfen, der sich milde verkostet, da er wenig Säure besitzt. Aus diesem Grunde ist er ein so genannter „kurzer“ Wein, der also kaum nachhaltig ist. Sein Geschmack verflüchtigt sich relativ rasch. Eine Liebe auf den ersten (besten) Blick also.

Wein

(lat. vinum) Aus Fruchtsäften (wird oft sehr wörtlich genommen) durch Gärung gewonnenes alkoholisches Getränk. Weißwein und Rosé erhält man durch Abpressen vor der Gärung, Rotwein durch Vergärung der ganzen blauhäutigen Trauben mitsamt ihrem Saft. Analysiert man den Wein, so sind seine wichtigsten Bestandteile: Alkohol (8 bis 14 Volumenprozent), Säuregehalt (5 bis 14 Promille) und Wasser (85 bis 93 Prozent). Veritas ist ebenfalls lateinisch und heißt Wahrheit. Und wenn der Winzer mit seinem Latein am Ende ist (alle Fässer voller Sauerampfer), dann vergisst er leicht die Wahrheit, die im Wein liegen sollte (in vino veritas), dreht den Hahn auf und lässt den Zucker aus dem Sack. Kippte er dann noch Alkohol dazu, stimmten sogar die Prozente wieder. Und das Gewissen. Aber Alkohol ist teuer.

Weinansprache

Die Unterhaltung mit einem Wein - hauptsächlich, um ihm Lob oder Tadel mitzuteilen. Man kann sich zärtlich mit ihm (auch ohne Worte) unterhalten, ihm aber auch wohlwollende Komplimente und eindringliche Vorhaltungen machen. Außerdem kann man anderen und durchaus auch Unbeteiligten seine Meinung über ihn sagen.

Weingreis

Ein uralter Weintrinker, dem der Rotbart durch den Stammtisch gewachsen ist, und ein uralter Wein (Firne genannt), dessen Inhaltsstoffe verestert wurden, sind sich wie ein uraltes Ehepaar vollkommen ähnlich geworden: Je schneller die beiden in ihrer Jugend reif geworden sind, umso schneller sind sie natürlich bei diesem Stress auch gealtert, und so

weich

Weinansprache

kann es sein, dass sie nur noch wegen des Etiketts (ihrer ruhmreichen Vergangenheit also) einen gewissen Wert besitzen. Manche alten Exemplare können allerdings gerade wegen ihrer Reife alle Jungen in jeder Beziehung in den Schatten stellen.

weinig

Bukett, Alkohol, Aroma und Extrakt bilden zusammen mit der Quantität an Säure eine gut abgestimmte harmonische Einheit. Die Art der Rebe und das Herkunftsjahr spielen dabei keine Rolle. Böse Zungen behaupten, „weinig“ sei ein Prädikat für einen Kunstwein, der nie im Leben eine Traube gesehen hat. Auch das gibt es nämlich.

Weinkeller, privater

Ausweis von Lebensart und Lebensqualität. Lässt sich nur noch übertreffen von einer privaten Vinothek (siehe dort). Zumindest ist ein W. nach Hornickel ein Reifezeugnis dafür, dass sich der Mensch über die obskuren Halbstarken-Mischungen der diversen Getränke erhoben hat.

Weinliebhaber

Ein Wesen, das Wein über alles liebt. Und da die Liebe zum Wein nicht nur durch den Magen, sondern auch durch die Leber geht, und die Leber nur die Fähigkeit besitzt, eine begrenzte Menge Alkohol pro Minute unschädlich zu machen, muss sie überschüssige Quanten widerwillig durchlaufen lassen. So gelangen diese Mengen in den gesamten Blutkreislauf, weshalb die übermäßige Liebe zum Wein nicht nur durch den Magen und die Leber, sondern auch durch den Kopf geht. Mit all seinen positiven und negativen Konsequenzen. Man beachte die unübersehbaren Parallelen zur Liebe allgemein.

Weinsammlung

Im Gegensatz zu einer Vinothek (siehe dort) meist ein Konglomerat von Weinen, die - oft noch in ihrem Geschenkpapier eingewickelt - nur deshalb dem Gnadentod (der Gnade, getrunken zu werden) entronnen sind, weil der beschenkte Zufallssammler eben kein Zuckerwasser (oder umgekehrt eben keinen trockenen Wein) liebt.

Weinsprache

Benutzen von Vokabeln, die in der normalen oder Umgangssprache nicht vorkommen bzw. dort einen völlig anderen Sinn besitzen. Hat nichts mit dem Lallen eines Betrunkenen zu tun. Denn dabei handelt es sich nicht um die Weinsprache, sondern um die Sprache des Weines.

Weinzahn

Ein Kenner des Weines, der den Wein nicht trinkt oder säuft, sondern beißt, schlürft oder verkostet.

Weißburgunder

Pinot blanc. Ein vornehmer Weißwein mit äußerst dezenter Blume, gefällig mit vielen Variationen in Frankreich vertreten.

Weißwein

In Süddeutschland findet man zirka 1200 Weinsorten in den verschiedenen Weinlagen. In Norddeutschland findet man davon auf den Weinkarten nur noch zwei: Weißwein und Rotwein (siehe dort).

wuchtig

Ein Wein ist nicht nur dann als wuchtig zu bezeichnen, wenn ein besoffener Biertrinker jemandem eine Weinflasche über die Rübe zieht. Nein, ein wuchtiger Wein ist voll, alkoholreich und schwer. Ein wuchtiger Wein wird umso wuchtiger, je weniger Säuregehalt er besitzt.

Weinliebhaber

reif

würzig

Weine, deren Geschmack an pikante Gewürze erinnern, wie zum Beispiel ganz typisch die Gewürztraminer und Muskatellerweine.

Zart

Harmonische Weine mit dezenter Säure und „wohl abgestimmter Restsüße“. Oder anders ausgedrückt: Der Winzer hat einen Eimer Zucker in das Fass geschmissen (aber natürlich nicht bei uns, nicht in unserer Gegend!).

Zimmertemperatur

Die Einschenk-Temperatur des Rotweines. Ideal sind 18 Grad. Trickreich ist es, den Wein einen Tag vorher behutsam aus dem Keller zu holen und bis zum Einschenken unter dem Kleiderschrank bereit zu halten. Der kleine Temperaturunterschied beim Einschenken entfaltet sofort seine ganze Blume.

Plopp